AF452793

ALLOCUTION

PRONONCÉE PAR

Mgr L'ÉVÊQUE DE NEVERS

DANS LA CHAPELLE DE LA

MAISON-MÈRE DES SŒURS DE LA CHARITÉ ET
INSTRUCTION CHRÉTIENNE DE NEVERS

AUX OBSÈQUES DE

SŒUR LOUISE FERRAND

ANCIENNE SUPÉRIEURE GÉNÉRALE,

ASSISTANTE DE LA CONGRÉGATION,

Le 20 février 1886.

Adolescentibus exemplum forte relinquam.

Je lègue aux jeunes générations un exemple fortifiant.

(II Mach., VI, 28.)

MES CHÈRES FILLES,

Je ne laisserai pas la dépouille mortelle de votre bonne sœur Louise Ferrand quitter cette chapelle, pour s'en aller dans le champ du repos, sans lui adresser, en votre nom, un dernier adieu. Il ne serait pas convenable que la tombe se fermât sur celle qui a occupé une

E. Lelong

si large place dans cette maison sans qu'à titre
d'évêque et de supérieur, je me fasse l'inter-
prète de vos sentiments ; je vous le dois, je le
dois à toute votre congrégation, dans laquelle
l'annonce de cette mort a produit une douloureuse et légitime émotion. Je tiens d'ailleurs
à unir publiquement mes regrets personnels à
ceux que vous éprouvez, en voyant disparaître
la vénérable Mère que, depuis si longtemps,
vous étiez accoutumées à aimer, à admirer, à
considérer comme une tradition vivante. Et
puis, n'est-il pas bon de vous rappeler, en
présence de ce cercueil, la recommandation
de saint Paul, qui a son application littérale en
cette circonstance ; car il s'agit d'une ancienne
supérieure générale, d'une religieuse qui n'a
jamais cessé d'être pour vous une autorité et
un modèle : « Souvenez-vous donc, dirai-je
» avec l'Apôtre, de celle que Dieu avait placée
» à votre tête ; qui vous a donné, par sa parole
» et surtout par ses exemples, les enseigne-
» ments les plus purs de la vie religieuse, et,
» considérant la fin de sa vie, imitez sa
» foi (1). »

---

(1) Ad Hebr., XIII, 7.

Aussi bien c'est le but que je me propose ;
si je prends la parole en cette circonstance, ce
n'est pas pour faire un de ces éloges, toujours
plus ou moins déplacés, en face de la mort et
des redoutables jugements du Dieu « qui juge
» les justices (1) » ; c'est pour m'édifier avec
vous, en recueillant les précieuses leçons que
renferme une si belle vie, terminée par une
mort si consolante. En vous quittant votre
vénérable défunte aurait pu, si son humilité
lui avait permis d'en avoir même la pensée, se
rendre le même témoignage que le saint vieil-
lard Eléazar, sur le point de mourir : « Je laisse
» aux générations qui me suivent un fortifiant
» exemple : » *Adolescentibus autem exemplum
forte relinquam* (2).

Cet exemple, il importe de le recueillir ; il
faut le garder précieusement, le placer comme
un sceau sur votre vie religieuse, pour qu'il la
protége et vous aide à la pratiquer dans sa
perfection et avec tout son mérite.

Or, cet exemple qui ressort de la vie de

____

(1) Ps. ix, 5.
(2) II Mach., vi, 28.

sœur Louise Ferrand et qui la résume tout
entière, c'est celui d'une fidélité précoce, parfaite et persévérante à tous les devoirs, à toutes
les exigences de sa sainte vocation.

.*.

De bonne heure, M. F., votre chère sœur
entendit la voix de Dieu qui l'appelait à la
gloire d'être son épouse. Ce privilége s'achète
toujours par des sacrifices : mais ils ne sont
pas les mêmes pour toutes les âmes. Pour
quelques-unes ils paraissent être moins nom-
breux et moins onéreux : la vie religieuse leur
offre, ce semble, même au point de vue
humain, des avantages qu'elles n'auraient pas
rencontrés dans un autre état. Non certes que
je veuille diminuer leur mérite : je le sais,
n'eût-on rien à attendre du monde, il y a toujours, quand on le quitte pour s'adonner à la
vie parfaite, ce sacrifice fondamental en com-
paraison duquel tous les autres sont peu de
chose : le sacrifice de soi même. Comme le
remarque très-bien le Pape saint Grégoire :
« Il peut n'être pas très-difficile à une créature
» d'abandonner ses biens ; mais il lui est

» certainement très-difficile de s'abandonner
» elle-même; et, si c'est quelque chose de
» renoncer à ce qu'on a, c'est infiniment
» plus de renoncer à ce qu'on est (1). » Tou-
tefois, il est évident que si ces deux sacrifices
sont demandés, l'âme qui les fait l'un et l'autre
montre un plus généreux courage et a, devant
Dieu et devant les hommes, un plus grand
mérite.

C'est ce qui eut lieu pour votre chère sœur.
Loin de la repousser, le monde l'attirait ; d'un
autre côté, ses parents, son père surtout,
dont elle était tendrement aimée, voulaient la
retenir. Mais la voix de la vocation parlait, dans
cette âme droite et énergique, plus haut que
la voix du monde et de ses séductions ; et,
abandonnant son honorable et chrétienne
famille, sa fortune, ses espérances d'avenir,
elle vint ici chercher la pauvreté, l'obscurité,
les renoncements de la vie religieuse.

Elle donne par là un premier et grand
exemple de force à toutes les jeunes filles
auxquelles, dès le début de leur vie, Dieu

------

(1) S. Grég. Hom. xxɪɪ in Évang.

veut bien faire entendre un semblable appel. Elle leur dit qu'elles aussi doivent se montrer fortes dans la poursuite et la conquête de ce bien supérieur ; fortes pour briser les liens qui voudraient les retenir captives ; fortes pour mépriser les séductions ; fortes pour accepter les sacrifices ; fortes pour marcher vers la terre promise, sans même jeter, sur les vanités de l'Egypte, un regard imprudent, se rappelant la parole de Notre-Seigneur : « Celui qui met la main à la charrue et regarde » en arrière n'est pas digne de moi (1). »

. .

.La fidélité de sœur Louise à la grâce de sa vocation fut aussi parfaite qu'elle avait été précoce. Ce que j'en ai pu constater moi-même, avec tant d'édification, depuis huit ans, remonte à l'origine. Telle je l'ai vue à son déclin, telle elle a été dès le commence-

---

(1) S. Luc, ix, 62.

ment ; vos anciennes me l'ont affirmé et je les en crois volontiers. Seulement l'âge, avec son expérience et sa maturité, avait donné, à ces vertus, qui dataient de son entrée en religion, une sorte de consécration qui les rendait plus vénérables.

Dieu fit à votre chère sœur la grâce de mettre sa jeunesse religieuse sous la conduite d'une supérieure, assurément excellente, mais aussi vive et entreprenante qu'elle - même était timide et désireuse de se cacher. Cette différence de caractères constituait une véritable épreuve, d'autant plus que la supérieure, discernant bien vite le mérite de sa jeune compagne, lui donna toute son affection et toute sa confiance : elle ne pouvait se passer d'elle ; elle l'employait dans beaucoup d'affaires et de négociations auxquelles l'obligeait la nature même de l'œuvre importante dont elle était chargée. Ainsi elle exerçait constamment sa vertu ; elle lui fournissait de continuelles occasions de pratiquer l'humilité, la patience, le brisement de sa volonté, toutes ces vertus en un mot dont l'ensemble constitue la vraie et solide perfection.

Sœur Louise profita merveilleusement à

cette école pendant les longues années qu'elle y passa. Elle le montra quand l'obéissance la rappelant, de Montmartre, dans cette maison-mère qu'elle ne devait plus quitter, elle y reparut si bien formée que, presqu'aussitôt, elle fut élue supérieure générale ; fait remarquable, M. F., unique peut-être dans vos annales : sans avoir exercé aucune autre supériorité, elle se voyait du premier coup placée à la tête de sa congrégation.

De tels suffrages obtenus dans ces conditions exceptionnelles en disent plus que tous les discours : ils montrent quelle idée on avait d'elle, quelles espérances on fondait sur son mérite universellement reconnu. Mais si elle les justifia pleinement, si, dans cette haute charge, elle fit paraître les plus précieuses qualités, celle qui brilla entre toutes, ce fut l'humilité. Non pas, M. F., l'humilité qui se décourage et qui succombe sous le poids d'une charge imposée cependant par Dieu ; mais l'humilité qui, se défiant de soi-même, compte avant tout sur le secours d'en haut ; l'humilité qui, s'alliant à une invincible fermeté, aborde résolûment les entreprises les plus difficiles,

se disant avec saint Paul : « Je puis tout en
» celui qui me fortifie (1). »

Si humble que fût sœur Louise, l'autorité
n'eut, en aucune façon, à souffrir entre ses
mains. Néanmoins elle en avait une telle
répugnance, elle était si profondément possé-
dée du désir d'obéir plutôt que de commander,
elle fit si bien qu'elle obtint d'être déchargée ;
les suffrages se reportèrent sur cette vaillante
mère Joséphine Imbert à laquelle j'ai eu la triste
consolation de rendre les derniers devoirs,
presqu'à mon arrivée dans le diocèse, et dont
la congrégation n'oubliera jamais le nom et
les services. Alors, sans doute, sœur Louise
eût voulu reprendre son rang de simple
religieuse ; mais cette fois l'humilité dut céder
à l'obéissance ; il lui fallut accepter de devenir,
à titre d'assistante, la conseillère et la confi-
dente de celle à laquelle elle avait, avec tant
d'empressement et de joie, cédé la première
place.

Le reste de sa vie devait s'écouler dans
l'exercice de cette fonction ; elle l'a conservée

____

(1) Ad Philipp., IV, 13.

sous trois supérieures générales successives.
Ce n'est pas qu'elle n'ait plus d'une fois
cherché à s'en décharger, surtout dans ses
dernières années ; elle ne se rendait pas assez
compte que l'influence de ses exemples et
l'autorité de sa vénérable vieillesse compen-
saient surabondamment ce que l'âge pouvait
avoir enlevé à l'activité de sa jeunesse. Mais,
malgré ses vives instances, elle n'obtint pas
d'être exaucée et elle est morte avec ce titre
d'assistante qu'elle a si noblement porté pendant vingt-cinq ans. Les devoirs qu'il impose
se renferment et ont été accomplis par elle
dans la sainte obscurité, dans la sublime
monotonie d'une vie passée sous le regard de
Dieu, et qui ne cherchait que lui seul. Nous
n'en connaissons donc et nous n'en pouvons
dire que bien peu de chose.

Mais si c'est peu, aux yeux du monde, que
cette existence sans bruit et sans éclat, à
l'appréciation de Dieu, M. F., c'est beaucoup ;
c'est tout. Une religieuse qui a le culte de
sa règle, qui s'applique constamment à
l'observer et à la faire observer de son mieux,
avance, chaque jour, dans la voie de la
perfection ; elle est comme cette brillante

lumière à laquelle nos saints livres comparent les sentiers du juste, et qui va croissant et se développant jusqu'au jour parfait (1). Qu'un tel spectacle est beau et consolant pour ce Dieu dont les regards ne s'arrêtent pas aux apparences, mais pénètrent dans les profondeurs de l'âme et de ses intentions, parce que là est pour Lui le seul vrai principe de sa beauté et de sa valeur ; mais aussi quelle énergie, quelle dépense continuelle de force suppose cette fidélité ! non pas cette force qui se montre par intervalles, en quelques circonstances éclatantes, mais cette force toujours égale à elle-même, qui maintient l'âme au même degré de température et la fait courir, sans secousse, comme une locomotive toujours chauffée à la même pression, sur les rails du bon plaisir de Dieu.

C'est l'exemple de cette force, appliquée à l'accomplissement du devoir, qu'il faut recueillir aujourd'hui, M. F. En même temps que vous gravez, en traits ineffaçables, dans votre souvenir ce beau visage sur lequel se

---

(1) Prov., iv, 18.

reflétait si bien l'énergie surnaturelle de cette
âme vaillante, encouragez-vous à être fortes,
vous aussi, dans les combats de la vie religieuse, dans ces luttes silencieuses de chaque
jour où l'âme se trouve aux prises avec elle-
même et avec le devoir et dans lesquelles elle
ne peut demeurer victorieuse si elle ne sait se
vaincre et se renoncer constamment.

*
* *

Mais ce qui a fait le principal mérite de
la fidélité de sœur Louise, c'est sa persévé-
rance. L'auteur de l'*Imitation* le remarque
très-justement : « Ce n'est pas une petite chose
» que d'habiter dans un monastère ou une
» congrégation , de n'y être jamais une occa-
» sion de plainte et d'y persévérer fidèlement
» jusqu'à la mort (1). » Il est facile de s'élan-
cer quand le Seigneur dilate l'âme ; on court

---

(1) *Imit.*, l. Ier, c. XVII, 1.

alors dans la voie des commandements et même des conseils. Mais ces élans, ces saints enthousiasmes du début, on ne doit pas espérer qu'ils dureront toujours ; quand on entre en religion, il faut avoir présent à l'esprit l'avertissement du Sage : « Mon » enfant qui vous avancez pour servir le » Seigneur, tenez-vous dans la justice et dans » la crainte et préparez votre âme à la tenta- » tion (1). » Il y a dans la vie religieuse des heures de sécheresse, de ténèbres, de dégoût : c'est le combat, c'est la souffrance, mais c'est aussi le mérite. Alors l'âme doit, avec le secours de la grâce de Dieu, qui ne lui manque pas, demeurer, par le fond de sa volonté, telle qu'elle était tout d'abord ; dans cette terre déserte et aride, elle doit conserver le sentiment qu'elle éprouvait au sanctuaire de sa consécration : *In terra deserta, et invia, et inaquosa, sic in sancto apparui tibi* (2).

Il ne m'a pas été donné de pénétrer assez

---

(2) Eccl., ii, 1.
(1) Ps. lxii, 3.

profondément dans l'âme de votre pieuse défunte pour savoir jusqu'où sont allées pour elle ces épreuves. Je soupçonne qu'elle était tout particulièrement du nombre de celles pour lesquelles fut écrite cette parole : « Parce » que vous étiez agréable à Dieu, il était » nécessaire que la tentation vous éprou- » vât (1). » Mais, quoi qu'il en soit, elle a certainement rencontré bien des épreuves dans sa longue carrière religieuse de soixante-trois ans ; plus d'un obstacle s'est dressé sur sa route ; aucun n'a pu réussir à la faire dévier. Elle allait à Dieu ; elle le voulait trouver, et elle le trouvait en tout et partout. Ce fut sa consolation pendant sa vie, ce l'a été dans ses derniers jours, pendant cette longue attente qui a précédé sa mort et que la crainte des jugements de Dieu rendait plus douloureuse.

Pourquoi dissimulerais-je cette conduite de la Providence à son égard ? J'aime mieux vous l'avouer franchement, M. F. Vous ne vous en étonnerez pas, vous ne plaindrez pas votre

------

(1) Tob., xii, 13.

sœur ; vous êtes assez avancées dans les voies spirituelles pour comprendre que c'est une grâce. Tandis que, pour les pécheurs endurcis, il faut voir souvent une marque de réprobation, ou tout ou moins un effrayant symptôme dans cette tranquillité, cette insensibilité où les laisse l'approche de la mort et de l'éternité, pour les justes, c'est une grâce, crucifiante, il est vrai, mais précieuse, que cette crainte, toujours d'ailleurs tempérée par une filiale confiance. Dans ce creuset, l'âme achève de se dégager de la terre ; elle se purifie de ses moindres fautes, elle pratique d'héroïques vertus, elle fait par avance la plus grande partie, sinon la totalité de son purgatoire.

Il en a été ainsi, je n'en doute pas, pour notre chère défunte. Cette longue station aux portes de la mort, dans une inaction que son activité naturelle lui rendait plus pénible, a dû abréger sinon complètement supprimer pour elle les expiations d'outre-tombe. Nos prières vont achever de donner à son âme ce qui pourrait lui manquer encore de cette justice parfaite devant laquelle seule s'ouvrent les portes du ciel.

Mais, en même temps que vous accomplirez ce devoir de charité, de justice, de reconnaissance, vous n'oublierez pas, M. F., de demander pour vous et toutes vos sœurs les grâces auxquelles sœur Louise a été si fidèle.

Nos saints livres racontent qu'au moment où le prophète Elie allait monter au ciel, miraculeusement emporté dans un tourbillon, Elisée son disciple lui disait : « Père, je vous » en supplie, laissez-moi du moins votre double » esprit (1). » Et vous aussi, en voyant disparaître cette vénérable ancienne qui avait, à un tel degré, l'esprit de votre institut, qui en a si religieusement gardé les traditions, conjurez-la de vous léguer cette tradition bénie. Demandez pour toutes les religieuses qui font actuellement partie de votre chère congrégation, pour toutes celles que la grâce de Dieu y amènera dans l'avenir, ce même esprit de force ; car l'âme qui le possède, reste victorieuse du monde et d'elle-même ; elle marche avec ardeur dans cette voie imma-

____

(1) IV Reg., II, 9

culée aux termes de laquelle se trouvent une
mort précieuse devant Dieu et une récompense éternelle.

Et quelle récompense, M. F., attend une
religieuse qui, comme sœur Louise Ferrand,
s'est donnée à Dieu de bonne heure, sans
réserve et sans retour ! Heureuses sont les
familles sur lesquelles Dieu jette ce regard de
particulière miséricorde, dont il appelle pres-
que tous les membres à se sanctifier dans le
sacerdoce ou dans la vie religieuse, et à devenir
ainsi les anges protecteurs de ceux qu'ils lais-
sent au milieu du monde ?

La famille Ferrand a eu ce privilége : un
des siens est mort prêtre, et il y a quelques
jours, j'étais appelé à m'associer au deuil du
monastère de la Visitation qui venait de perdre
la sœur (1) de notre chère défunte. Elle aussi

----

(1) Sœur Jeanne-Françoise Ferrand, née en 1811,
entrée en 1838 au monastère de la Visitation, établi
alors à La Charité-sur-Loire, et transféré depuis à
Nevers, décédée le 7 février 1886, après avoir été
vingt-quatre ans supérieure, pendant cette longue
carrière de quarante-huit ans de vie religieuse.

elle avait choisi la meilleure part ; et quoique
la forme extérieure de leur vocation fût diffé-
rente, l'une ayant reçu la grâce de Marie,
l'autre celle de Marthe, elles se sont rencon-
trées dans l'unité d'une égale fidélité à corres-
pondre aux desseins de Dieu et d'une même
influence exercée sur les âmes au milieu
desquelles la Providence les avait placées.
Toutes deux sont mortes dans l'humilité d'un
rang inférieur après avoir été supérieures et
être demeurées, jusqu'à la fin, l'édification et
l'oracle de leurs communautés. Il était donc
bien juste et il est touchant de le constater que
celles que Dieu avait unies par tant de liens,
pendant leur vie, ne fussent pas séparées par
la mort ; la plus jeune a devancé son aînée de
quelques jours, comme si elle allait lui prépa-
rer sa place. Et maintenant, après les éloigne-
ments volontaires et méritoires de l'exil, elles
se retrouvent dans le sein de ce Dieu qu'elles
ont tant aimé et si généreusement servi. Elles
se félicitent d'avoir été si bien inspirées ; mais
en même temps, jetant l'une et l'autre un
regard ami sur ces familles religieuses auxquelles elles ont appartenu et dont elles de-
meurent la gloire et le modèle, elles disent à

chacune de celles qui les composent : « Cou -
» rage, filles et sœurs bien-aimées, courage.
» Ecoutez, comme nous, Dieu vous dire :
« Soyez fidèles jusqu'à la mort et je vous don-
» nerai la couronne de vie : » *Esto fidelis*
usque ad mortem et dabo tibi coronam
vitæ (1).

Amen.

____

(1) Apoc., ii, 10.

Imp. Fay, G. Vallière, succʳ.

www.ingramcontent.com/pod-product-compliance
Lightning Source LLC
LaVergne TN
LVHW012158170726
843503LV00009B/4256